Pour le film :
© France 3 – Boréales – Productions Pixcom – France 5 – R.T.B.F – TSR – To Do Today Productions
En coproduction avec ZDF/ZDF Enterprises – Discovery Channel – Mac Guff Ligne –
Télé Québec – CBC – Tang Média – SAGRERA / TVE – Melchior Studio / Center TV –
Producteurs associés : Charles Gazelle / Transparences – Christian Gerin / 17 juin Productions
En association avec TV5, Planète, Slovak TV.
Relais de Production : Ballistic Pictures – Cab Productions – Imagique.

Avec le soutien du : CNC / MEDIA / PROCIREP / ANGOA

Réalisateur : Jacques Malaterre
Producteurs : Barthélemy et Frédéric Fougea
Directeur scientifique : Yves Coppens
Directrice des documentaires de France 3 : Patricia Boutinard-Rouelle
Scénaristes du film de 90 minutes : Jacques Malaterre, Frédéric Fougea et Pierre Pelot
Scénaristes de la série de 3 x 52 minutes : Jacques Malaterre, Frédéric Fougea et Fabrice Demeter
Directeur de la photo : Martial Barrault.
Chef monteur : Bob Rayers
Images de synthèse : Mac Guff Ligne, producteur : Jacques Bled
Conception et supervision 3D : Philippe Sonrier
Musique composée et dirigée par Louis Dandrel
Producteur de la musique : Jean-Marie Leau
Création des maquillages : Maestro Studio F/X / Adrien Morot
Photographe de plateau et réalisateur making-of : Patrick Glaize
Directeur de casting en Afrique du Sud : Ana Feyder
Directeur de casting en Suisse : Martine Demierre
Administrateur de production : Jean-Marc Vignet
Documentation : Isabelle Bourdial, Fabrice Demeter et Olivier Voizeux
Produits dérivés : Frédérique Sarfati Romano

Comédiens :
Abrahams Dale, Abromowitz Lindy, Adams Rezia, Albasini Cyril, Balmer Zina, Bastar Lambert, Belbachir Ahmed, Bossi Gino, Bredenkamp Max, Buil Antonio, Butler Peter, Campanile Luisa, Chan Adam, Chang Benji, Collins Liezl, Cornell Dale, Dao Yushun, Da Salza Colin, Davids Christo, Davids Tashriq, Dekeni Cyril, Druc Marie, Dupuy Samuel, Dwayi Lizo, Fibicher Estelle, Flückiger Marc, Freel Peter John, Garnier Yves, Gasant Maruwan, Guhl Geneviève, Guibert Olivier, Gunther Dawn, Hastie Yvonne, Haut Nicolas, Hawes Tony, Hendricks Leanne, Huber Denise, Judes Daniel, Khoza Barry, Knowles Robyn, Lasker Natalie, Lee Adriana, Liao Yuki, Louw Brendan, Lukasik Sophie, Magne Marine, Maken Neeta, Mhlongo Sibusiso, Morkel Azania, Morkel Cecil, Morris Craig, Mthembu Maggie, Naidoo Gary, Nortier Anton, Nydegger Sophie, Palmer Brent, Perez Maria, Pete Robyn, Piedt Marlon, Rees-Davies Natasha, Robyn Pugin Lauren, Rossouw Andre, Ryan James, Schwitter Roby, Smith Daniella, Smith Rebecca, Valley Omar Fahruq, Vanga Zandile, Van Vauren Noel, Vuilleumier Philippe, Wehrli Jonathan, Wilcox Lucile, Wood Margot, Zufferey Chloé.

Remerciements aux conseillers scientifiques :
Baruch Arensburg, Dr Graham Avery, Anna Belfer-Cohen, Mickael Bisson, Jean Clottes, Boris Cyrulnik, Jean Guilaine, Jean-Jacques Hublin, André Langaney, Wu Liu, Marylène Patou-Mathis, Chris Stringer, Francis Thackeray, Erik Trinkaus, Jean-Denis Vigne, Millford Wolpoff, Xinzhi Wu.

Éditions Flammarion (n° 2698) - ISBN : 2-08162698-5
26, rue Racine - 75278 Paris Cedex 06
www.editions.flammarion.com

Conception graphique et mise en pages : Frédérique Deviller
Imprimé en France par Pollina s.a., 85400 Luçon - n° L 95122 - 11.2004
Dépôt légal : décembre 2004
Loi n°49-956 du 16 juillet 1949 sur les publications destinées à la jeunesse.

TEXTES DE **PATRICIA CHAIROPOULOS** ET **CLARA DELPAS**
D'APRÈS LE FILM DE **JACQUES MALATERRE**
SUR UN SCÉNARIO DE **JACQUES MALATERRE**,
FRÉDÉRIC FOUGEA ET **PIERRE PELOT**
PHOTOGRAPHIES DE **PATRICK GLAIZE**

HOMO SAPIENS

La grande histoire de l'homme
expliquée aux enfants

SOUS LA DIRECTION SCIENTIFIQUE DE
YVES COPPENS

Flammarion

Qu'est-ce qu'un homme ?

Définition du genre humain

Personne ne connaît la date de naissance exacte de l'humanité : le premier homme serait apparu voici 2 ou 3 millions d'années. Il faut dire que le matériel d'étude est rare, et que les scientifiques n'ont pas toujours été d'accord sur la définition du genre humain.

La bipédie, le fait de marcher sur 2 pieds, a longtemps été un critère de distinction, tout comme l'utilisation d'outils. Mais les autres hominidés (aujourd'hui disparus comme « Lucy », découverte en 1974) en étaient aussi capables.

Il semble que le facteur déterminant dans l'appellation « humain » soit l'augmentation de la taille du cerveau, dont semble attester la taille des crânes retrouvés. Mais il n'y a pas d'indications sur les facultés intellectuelles, comme la capacité de parler par exemple.

Sur la trace de nos ancêtres

Enfouis dans le sol, les fragments d'os d'animaux ayant vécu il y a des millions d'années, ainsi que des outils ou autres objets façonnés par les hommes, ont pu être retrouvés. Les paléontologues déterminent l'espèce à laquelle les os appartiennent, puis assemblent les fragments pour en reconstituer le squelette. Des techniques de laboratoire permettent aussi de dater plus ou moins précisément les vestiges.
Mais la façon de vivre ou le comportement des hommes préhistoriques demeurent des hypothèses.

À partir des fossiles et ossements retrouvés, les spécialistes font des hypothèses sur l'apparence des premiers hommes.

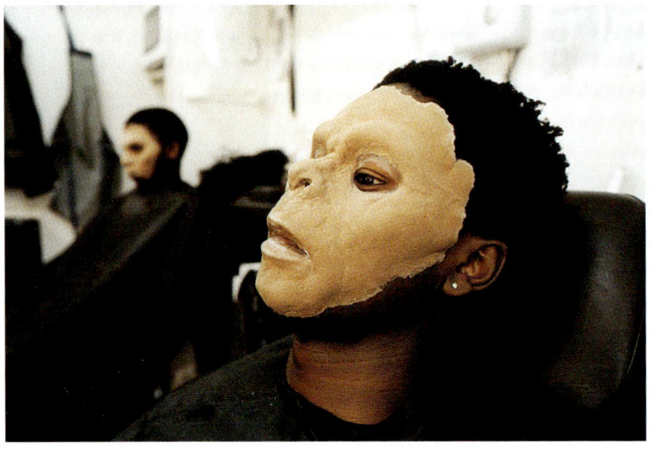

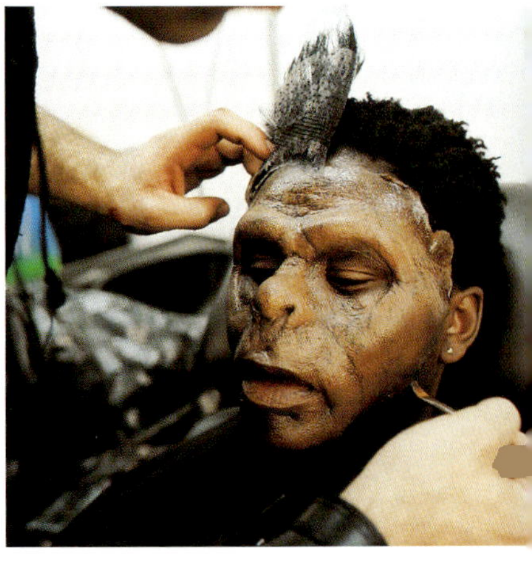

Au-delà des similitudes physiques, certaines différences caractéristiques permettent de distinguer l'Homo sapiens archaïque de l'homme de Neandertal ou de l'Homo erectus d'Asie.

C'était il y a…

Lorsque l'on exprime une date, c'est habituellement en nombre d'années avant ou après Jésus-Christ, par référence à notre calendrier. Mais les spécialistes de nos origines expriment souvent les dates en nombre d'années écoulées avant le « présent » (**BP :** ***before present***). Et pour s'y retrouver, ils ont fixé à ce présent une date arbitraire, celle à laquelle ils ont eu cette idée : l'année 1950. Lorsque l'on dit « il y a 30 000 ans », les archéologues disent simplement « en 30000 BP » , alors que, nous disons plutôt « en 28000 av. J.-C. », ce qui complique un peu le calcul des dates.

Le travail des maquilleurs du film a permis de matérialiser en chair et en os les reconstitutions des paléontologues.

Au tout début de l'humanité...

-12 000 ans

-40 000 ans

-60 000 ans

-100 000 ans

-160 000 ans

-1 600 000 ans

Homo erectus

Présentation de l'Homo erectus

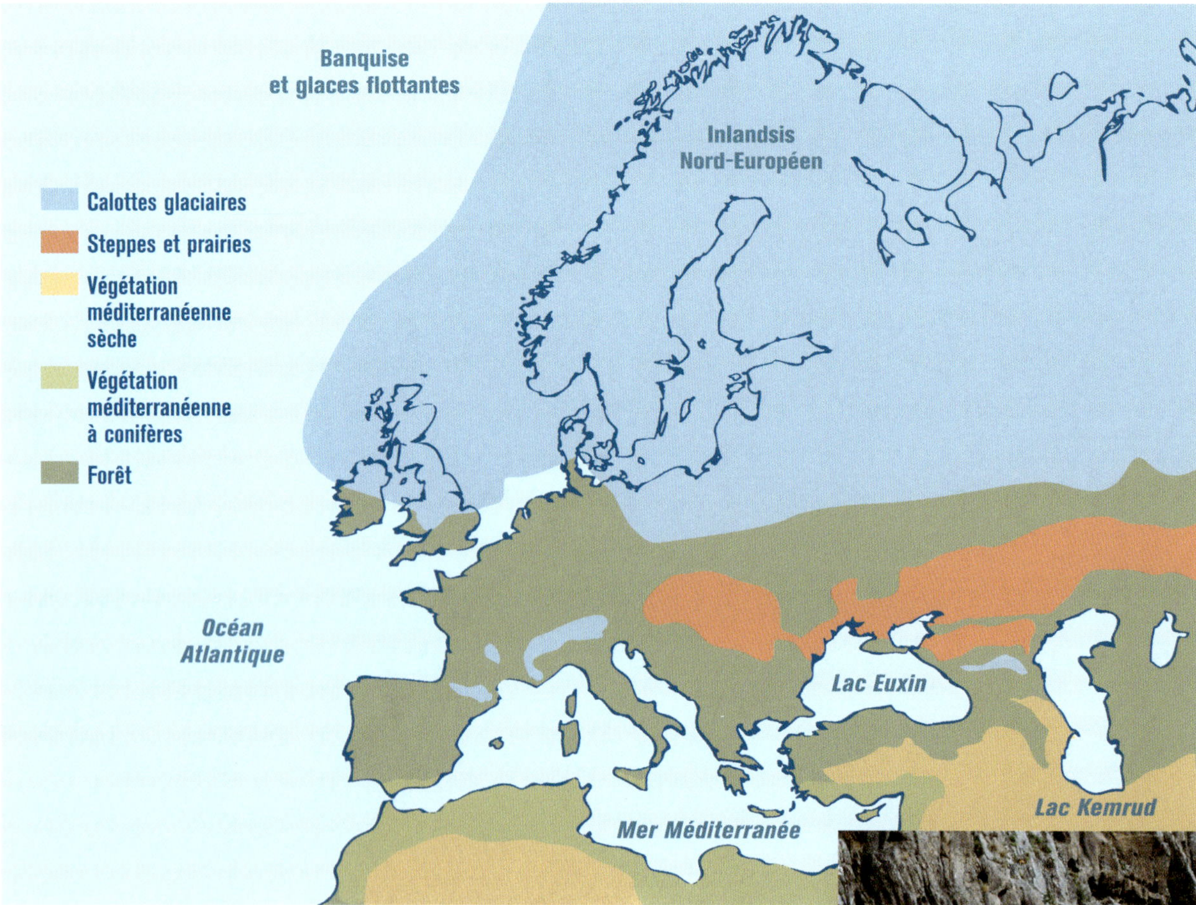

Il y a 200 000 ans, la grande glaciation retient les eaux et assèche une partie de la planète. Les zones de végétation changent au gré des modifications climatiques.

*Le rhinocéros laineux (***Coelodonta antiquitatis***) vit durant les grandes glaciations. Son corps massif (3,50 m de long, 1,50 m de haut) et velu lui permet de survivre en conditions inhospitalières.*

Contexte climatique

Nous sommes en pleine période glaciaire. Un inlandsis recouvre le nord de l'Angleterre et la Scandinavie. Cette glace assèche une partie de la planète et retient les mers : le niveau de la mer devait être de 100 mètres plus bas qu'aujourd'hui !
Certaines grandes îles d'Asie comme l'Indonésie, et en particulier l'île de Java, sont reliées par la terre au continent.

Quand *Homo erectus* (« homme debout ») apparaît sur notre planète, le climat est devenu plus aride. En Afrique, berceau d'*Homo erectus,* il ne pleut quasiment pas. En Europe et en Asie, les plaines sont parcourues par des mammouths, des chevaux, des rennes, des rhinocéros laineux, des hyènes, des lions des cavernes.
Durant sa très longue existence (près de 1,5 million d'années) *Homo erectus* va connaître des alternances de périodes froides et chaudes.

Ces premiers « grands hommes » apparaissent en Afrique, il y a 1,6 million d'années.
*C'est ce que nous révèle le plus ancien fossile d'*Homo erectus*, trouvé au Kenya : le squelette d'un enfant d'une douzaine d'années. D'après les divers fossiles retrouvés, on sait qu'*Homo erectus* est un bon marcheur capable de quitter l'Afrique pour aller explorer une autre partie de la planète, capable aussi de fabriquer de nouveaux outils et de construire des cabanes.*

Homo erectus doit affronter un environnement de plus en plus hostile. Il s'organise et apprend à domestiquer le feu, et se couvre de peaux de bêtes.

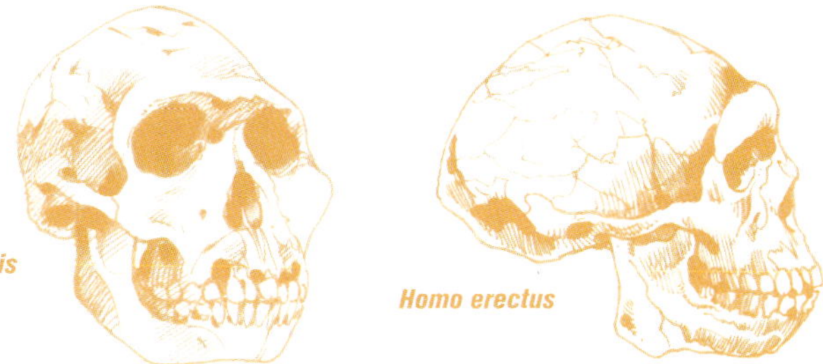

Homo habilis

Homo erectus

Une tête forte

Voici une nouvelle espèce d'homme, très différent de ses ancêtres qui étaient sans doute des *Homo habilis*. *Homo erectus* est grand et possède un cerveau plus gros que celui des tout premiers hommes (environ 1000 cm^3 contre 700 cm^3 chez ses prédécesseurs et 1400 cm^3 chez l'homme actuel).

Ses mâchoires sont très fortes, son menton fuyant, son front bas, son crâne allongé et ses yeux surmontés d'une épaisse visière osseuse. Mais son corps, lui, est très proche de celui de l'homme du XXIe siècle.

Une grande famille

Au fil de leurs déplacements sur des milliers d'années, les *Erectus* vont se diversifier. Chacune de leurs sous-familles montre des différences dans la forme de la face, du crâne ou encore de la taille.

Par exemple, les *Erectus* asiatiques sont massifs, avec des pommettes plates et mesurent 1,60 m de moyenne.

Durant une partie de son règne, *Homo erectus* n'a apparemment pas été le seul homme à vivre sur terre. *Homo ergaster* et *Homo heidelbergensis* vivaient également en Afrique, en Asie et en Europe.

Étaient-ce une sous-famille d'*Erectus* ou une espèce humaine à part ? Les avis sont partagés.

Homo erectus est le premier hominidé à se déplacer hors d'Afrique. Il remonte la vallée du Nil, et marche jusqu'en Asie.

Une vie sociale déjà développée

Un mode de vie sous le signe de la collectivité

Un abri de fortune, fait de branchages. *Homo erectus* s'installe de préférence le long des cours d'eau et près de roches qui lui fournissent le silex.

Camper

Homo erectus vit par petits groupes de familles. Pour s'abriter du froid et de la pluie, il sait se construire des cabanes à l'aide de branchages maintenus au sol par des pierres disposées en cercle. Les grottes peuvent aussi lui servir de refuge temporaire, le plus souvent pendant les expéditions de chasse.

Maîtriser le feu

On ne sait pas vraiment quand les hommes ont commencé à apprivoiser le feu. Mais *Homo erectus* a dû apprendre à s'en servir il y a plus de 500 000 ans. Surmontant sa peur, il va le chercher sur les troncs d'arbres en flamme après un incendie de savane. Le feu lui permet de cuire ses aliments, de se chauffer, de s'éclairer, de se protéger des animaux sauvages, et aussi de se retrouver en groupe autour d'un feu de camp.

S'entraider

Homo erectus sait se montrer solidaire et aider ses semblables. À Java, les anthropologues ont retrouvé un morceau de mâchoire datant de 500 000 ans, montrant une fracture réparée : l'adolescent auquel appartenait cette mâchoire a été pris en charge et nourri par son clan.

Pour chasser, Homo erectus *utilise des lances qu'il durcit sur le feu.*

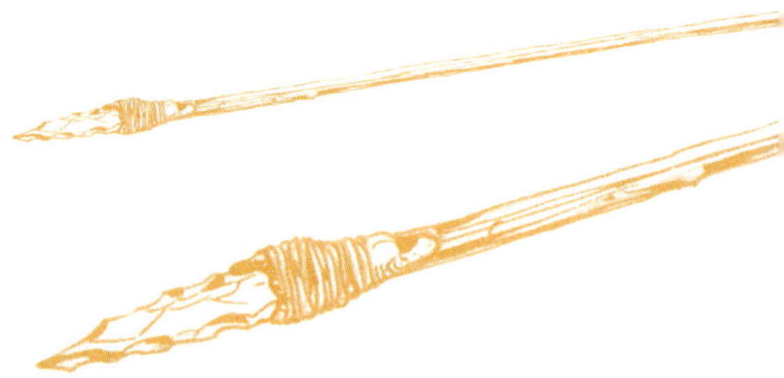

Homo erectus utilise le feu pour écarter les prédateurs et attendrir les chairs et les fibres grâce à la cuisson.

Grâce à une communication, peut-être verbale, Homo erectus se fait comprendre de ses semblables. Le langage apparaît petit à petit, et favorise les échanges.

Le langage, clé de la communication

Le langage nécessite de réunir plusieurs conditions physiques dans un même corps.
Il faut à la fois un larynx assez grand et mobile pour pouvoir articuler des sons, et un cerveau capable de diriger le larynx et surtout, de comprendre et mémoriser les sons émis par les autres.

Qui le premier a commencé à parler ?

Peut-être *Homo habilis* : son cerveau possédait déjà certaines zones impliquées dans le langage. Mais rien ne permet de l'affirmer. En revanche, *Homo erectus* est un bon candidat à la parole. Il s'adonne à des tâches complexes comme la fabrication des outils bifaces, l'organisation de la famille ou encore la chasse en groupe. Tout cela doit nécessiter une communication verbale et non plus seulement par cris ou par signes.
Mais pour certains spécialistes, le langage ne serait apparu que tardivement, avec *Homo sapiens*.

Des pierres taillées en bifaces

Homo erectus *fabrique un nouveau modèle d'outils : des pierres taillées en forme d'amande, avec les deux faces symétriques. On les appelle bifaces. Ces outils symbolisent la grande culture humaine de cette époque, l'acheuléen. Certains bifaces étaient fixés à l'extrémité d'un bâton pour former des lances, d'autres devaient servir à trancher la viande. Au fil du temps, la technique s'est affinée pour aboutir à des outils de plus en plus minces et petits.*
Homo erectus *possède d'autres outils comme des hachereaux (tranchants à une extrémité), des perçoirs et des racloirs servant à nettoyer les peaux de bêtes.*

Biface acheuléen. Cet outil en pierre est travaillé sur les 2 faces.

Le biface est l'outil à tout faire : assommer, débiter la viande, trancher.

Se déplacer pour survivre

Des ressources… … qui s'épuisent vite

Homo erectus vit durant une période de longue glaciation. En Afrique, il doit affronter un environnement de plus en plus aride. Pas facile de trouver tous les jours les ressources suffisantes pour assurer sa survie et celle de son clan. Fruits, racines, œufs, insectes… tout est bon à manger.
Mais ce qu'il apprécie avant tout, c'est la viande des grands herbivores de la savane comme les zèbres ou les gazelles. Pour assurer sa nourriture, notre homme suit les troupeaux en fonction de leurs migrations.

Les hommes chassent pour ravitailler le groupe, pendant que les femmes cueillent fruits et végétaux.

Un peuple de grands marcheurs

Avec son corps de coureur, Homo erectus peut parcourir 50 km dans une journée.
Il y a 2 millions d'années, il quitte plusieurs fois l'Afrique pour se rendre en Asie et en Europe. Loin d'être de grandes migrations, il s'agit de petits groupes qui se déplacent au cours de plusieurs générations. Ces migrations dureront 1 million d'années. Les ponts terrestres entre différentes parties du globe permettent aux espèces animales d'Eurasie de migrer vers les territoires d'Asie du Sud. En suivant le même chemin, Homo erectus a pu se rendre à Java à pied en passant par l'Asie du Sud, voici 1 million d'années.

Chasseur-cueilleur, Homo erectus est obligé de se déplacer pour survivre… Il consacre sa vie entière, 25 à 30 ans, à rechercher de la nourriture.

Armés de lance, ces deux Homo erectus poursuivent un troupeau de phacochères.

Les jours de chance, il peut voir l'un de ces gibiers s'écrouler de fatigue. Rien de plus simple alors que de l'achever à coups de lance, et de le dépecer pour régaler toute la famille.
En période de sécheresse, les animaux se déplacent plus loin, là où l'herbe se fait plus abondante. Ce qui amène *Homo erectus* à découvrir de nouvelles terres. Il occupe d'abord toute l'Afrique, avant d'être arrêté par la mer. Les clans qui exploraient le nord de l'Afrique poussent plus loin l'aventure : en traversant le Proche-Orient, ils passent sur un autre continent, l'Asie. Une première dans l'histoire humaine.

La naissance d'Homo sapiens

Homo sapiens, « l'homme savant »

Le voici, l'homme moderne qui nous ressemble. Les scientifiques l'ont appelé *Homo sapiens* car *sapiens* signifie « sage, savant, intelligent ».
Descendant direct d'*Homo erectus*, il serait né quelque part en Afrique, ou peut-être au Proche-Orient, voilà près de 400 000 ans. Les plus anciens *Homo sapiens* ont été découverts en Éthiopie, sur les berges d'un lac.

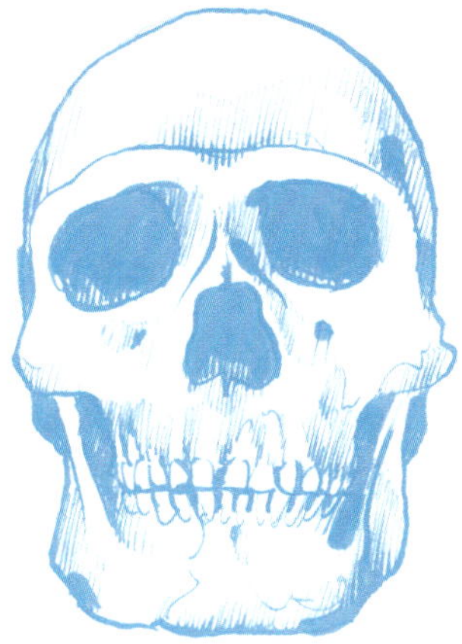

Homo sapiens

L'Ève africaine

Comment s'est formée l'humanité tout entière à partir de ces premiers ancêtres ?
En comparant les gènes (l'ADN) de nombreuses personnes vivant actuellement dans plusieurs régions du monde, les chercheurs ont pu confirmer l'origine africaine de l'homme.

À partir de ce continent, les humains se sont éparpillés sur la planète. Certains chercheurs ont même supposé l'existence d'une unique femme dont descendraient tous les êtres humains actuels !
Aujourd'hui, la plupart des spécialistes optent plutôt pour le scénario dit « Out-of-Africa » : l'homme moderne venant d'Afrique se serait mélangé selon des degrés plus ou moins importants avec les populations archaïques présentes sur place dans les autres régions du monde.

Les différences avec Homo erectus

Différences d'outillage

Homo erectus utilisait essentiellement des bifaces. *Homo sapiens* se confectionne des outils plus petits et variés, à éclats, avec des retouches plus précises.

Différences cérébrales

Un crâne en forme d'olive pour *Homo erectus,* plus rond pour *Homo sapiens.* Les empreintes de vaisseaux sanguins, trouvées sur des fossiles de crânes, montrent chez ce dernier une plus grande activité cérébrale ; sa mémoire semble déjà très développée.

Autres différences

Homo sapiens orne son corps un peu moins velu et plus gracieux que celui d'*Homo erectus.* Il se pare également de colliers et de bracelets de coquillages. *Homo erectus,* lui, ne semble pas très préoccupé par son apparence.

Homo sapiens, l'homme moderne

Homo erectus

Une anatomie moderne

Notre ancêtre direct est assez grand et plus fin qu' Homo erectus. *Son squelette ressemble beaucoup à celui de l'homme actuel. Mais il a une grosse tête : le volume de son crâne dépasse même le nôtre ! Sa face montre des traits tout à fait modernes : un front haut, pas de bourrelets osseux au-dessus des yeux, des pommettes marquées. Avec une grande nouveauté : son menton pointe désormais vers l'avant au lieu de fuir en arrière comme celui d'* Homo erectus.

Homo sapiens accorde beaucoup d'importance à la décoration de son corps, et l'orne de parures.

Parents ou différents ?

Partout sur la planète, *Homo erectus* laisse la place à *Homo sapiens*...

Homo sapiens se développe en Afrique. Puis il voyage vers le Nord, et commence à peupler le Moyen-Orient. Sur son chemin, il rencontre d'autres hominidés (*Homo erectus* et Neandertal qui vient d'Europe) et se reproduit probablement avec certains.

... ou cohabite seulement

À certains endroits du monde, comme en Asie, *Homo sapiens* ne fait parfois que cohabiter avec les hommes qu'il trouve là-bas. Dans ce cas, il n'y a pas de descendance croisée.

Un groupe d'Homo sapiens rencontre des Homo erectus d'Asie.

Un Homo erectus d'Asie. Son teint est jaune, ses yeux sont bridés.

La découverte de l'invisible

Homo sapiens est souvent en proie à la peur ou à l'incertitude du lendemain.

Homo sapiens est confronté à la fragilité de son existence…

… à la douleur de la perte de ses proches.

Un désir de comprendre

On suppose que les premiers *Homo sapiens* se posaient une foule de questions face à un environnement qu'ils ne maîtrisaient pas : le soleil reviendra-t-il demain ? Pleuvra-t-il ? Pourquoi meurt-on ? Ils cherchaient des explications pour apaiser leur esprit inquiet… Grâce aux nouvelles capacités de leur cerveau, ils apprennent à sortir de leur présent pour plonger dans l'imaginaire… Les contes ont été les premières réponses qu'ils ont trouvées. Des réponses qui devaient avant tout lever leurs doutes et leurs angoisses. Alors les premiers conteurs ont peut-être été simplement ceux qui racontaient que le soleil allait revenir, puisqu'il le leur avait promis.

Naissance des chamans…

En se nourrissant de certaines plantes, en tournant longuement sur lui-même, l'homme peut accéder à des états de transe. Ces états sont, comme la capacité à rêver, accessibles grâce à la structure particulière du cerveau humain.

La transe est un état hallucinatoire, où l'on perçoit, les yeux ouverts, des monstres ou des créatures hybrides homme-animal. On a aussi le sentiment de vivre des choses, comme se sentir devenir un animal ou rencontrer des esprits animaux.

Les chamans sont ceux qui, de ces voyages lointains, rapportent des réponses pour guérir un malade ou prédire l'avenir.

Homo sapiens lit les signes que lui envoient les animaux ou autres éléments de la nature.

En portant les cornes de l'élan, Homo sapiens cherche à communiquer avec les mondes invisibles.

Les premiers rites

Les hommes peuvent concevoir un autre monde en dehors du réel. Leur situation précaire, dans un vaste monde rempli de prédateurs, les a probablement poussés à adopter collectivement des pratiques magiques, des rites, des croyances… autant d'attitudes culturelles leur permettant de se sentir reliés à leur environnement.

De ces pratiques nous ne savons presque rien, si ce n'est, grâce à la découverte de sépultures, l'existence de rites funéraires. Mais d'autres rites ont probablement rythmé la vie des hommes de cette époque.

La naissance de l'au-delà

Les rites funéraires

L'inhumation donne lieu à des cérémonies religieuses qui rassemblent les hommes.

Homo sapiens se demande sûrement depuis longtemps comment protéger les corps des défunts.

L'*Homo sapiens* enterre ses morts depuis au moins 100 000 ans (date du plus ancien site retrouvé, à Qafzeh en Israël).
Il n'est pas le seul à pratiquer l'inhumation complète : on a découvert de nombreuses tombes néandertaliennes, datant de 40 000 à 80 000 ans, en Europe et en Asie. On s'interroge aussi sur la signification à donner à une fosse collective très ancienne, vieille de 300 000 ans (époque d'*Homo erectus*), située à Grandolina en Espagne. Les défunts sont entourés d'offrandes ou d'objets (fleurs, outils, statuettes).
Les ossements de la caverne néandertalienne de Shanidar (à Mossoul, au Kurdistan), étaient couverts de pollen, comme si le défunt avait été couché sur un lit de fleurs, voici 50 000 ans.

Homo sapiens *enterre ses morts*

Aux raisons religieuses, qui peuvent pousser Homo sapiens *à enterrer ses morts, s'ajoutent aussi des raisons pratiques : l'ensevelissement permet en effet de protéger les corps des défunts des attaques des prédateurs qui risqueraient de mettre en péril le campement ; il préserve aussi de la vision des corps, et des odeurs de la décomposition…*

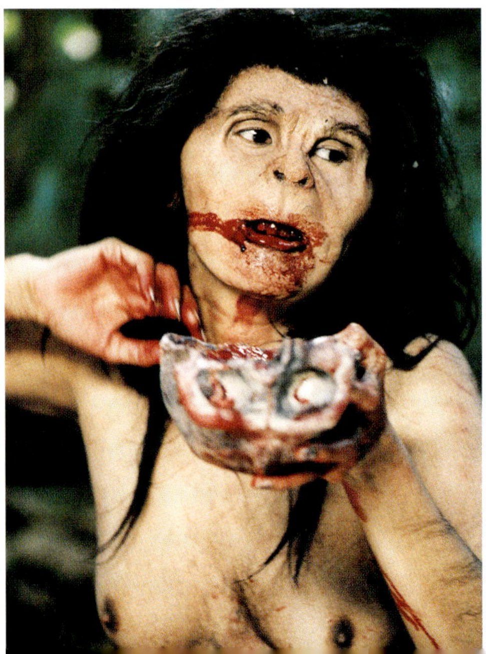

Des cannibales ?

La découverte de crânes d'*Homo erectus* vieux de 500 000 ans présentant un trou occipital (la base creuse du crâne qui est rattachée à la colonne vertébrale) élargi suggère qu'on leur a extrait le cerveau. On a retrouvé aussi d'autres ossements fracturés, ce qui peut être associé à la consommation de moelle…
Certaines tribus humaines étaient encore cannibales il y a peu de temps, alors pourquoi les hommes préhistoriques ne l'auraient-ils pas été ?

L'anthropophagie des hommes préhistoriques est probable, mais invérifiable !

Un monde de symboles

En plus de ses objets de tous les jours (ceux qui lui servent à chasser ou à découper), *Homo sapiens* fabrique des objets symboliques, représentant des choses abstraites. On suppose que cette capacité nouvelle est liée au fait que son langage peut évoquer des faits imaginaires ou envisager le futur.
Jusqu'à maintenant, peu d'objets symboliques ont été retrouvés. Et ils ne remontent pas à plus de 40 000 ans, si ce n'est un bloc d'ocre datant de 77 000 ans. Ce dernier, gravé de signes géométriques, a été trouvé dans la grotte de Blombos (Afrique du Sud).

Colliers de coquillages, couronnes d'os, maquillages, voire scarifications... Homo sapiens fait preuve d'une imagination très créatrice pour ses parures.

Les premiers codes sociaux

La parure (y compris la peinture corporelle ou le maquillage) est aussi une forme de langage : elle exprime par exemple le statut social de celui qui la porte. Perles de stéatite (craie), d'ivoire ou d'os, dents d'animaux (renard, cheval, cerf) ou coquillages marins, les matières premières de ces parures viennent parfois de loin. *Homo sapiens* aime ce qui est rare. Peut-être fait-il du troc pour se le procurer ?

Les chamans portent souvent les attributs des animaux auxquels ils s'allient.

Le maquillage et les parures marquent l'appartenance à un clan, à une tribu.

La création artistique

On ne trouve pas d'« œuvres d'art » antérieures à 40 000 ans. Peut-être n'y en avait-il pas, peut-être ont-elles été détruites, ou peut-être n'ont-elles toujours pas été découvertes ?

Un sens esthétique précoce, pas seulement chez *Sapiens*

L'homme semble avoir eu très tôt un sens esthétique : on a retrouvé une collection de six cristaux sur un site vieux de 150 000 à 200 000 ans (à Singi Talat, en Inde). De même, une palette de 5 ocres différentes remonterait de 260 000 à 400 000 ans (à Twin Rivers, en Zambie).

De la musique avant toute chose

La plus ancienne création artistique connue est un instrument de musique, une flûte en os, trouvée en Slovénie dans un campement occupé par des hommes de Neandertal il y a 43 000 ans. La peau et les boyaux ne se conservant pas, on ne saura jamais si les néandertaliens avaient aussi des tambours et des instruments à cordes.

Cette flûte néandertalienne, taillée dans le fémur d'un jeune ours des cavernes, présente des perforations bien nettes et bien alignées.

À la conquête de la planète

-12 000 ans

-1 600 000 ans

Les migrations

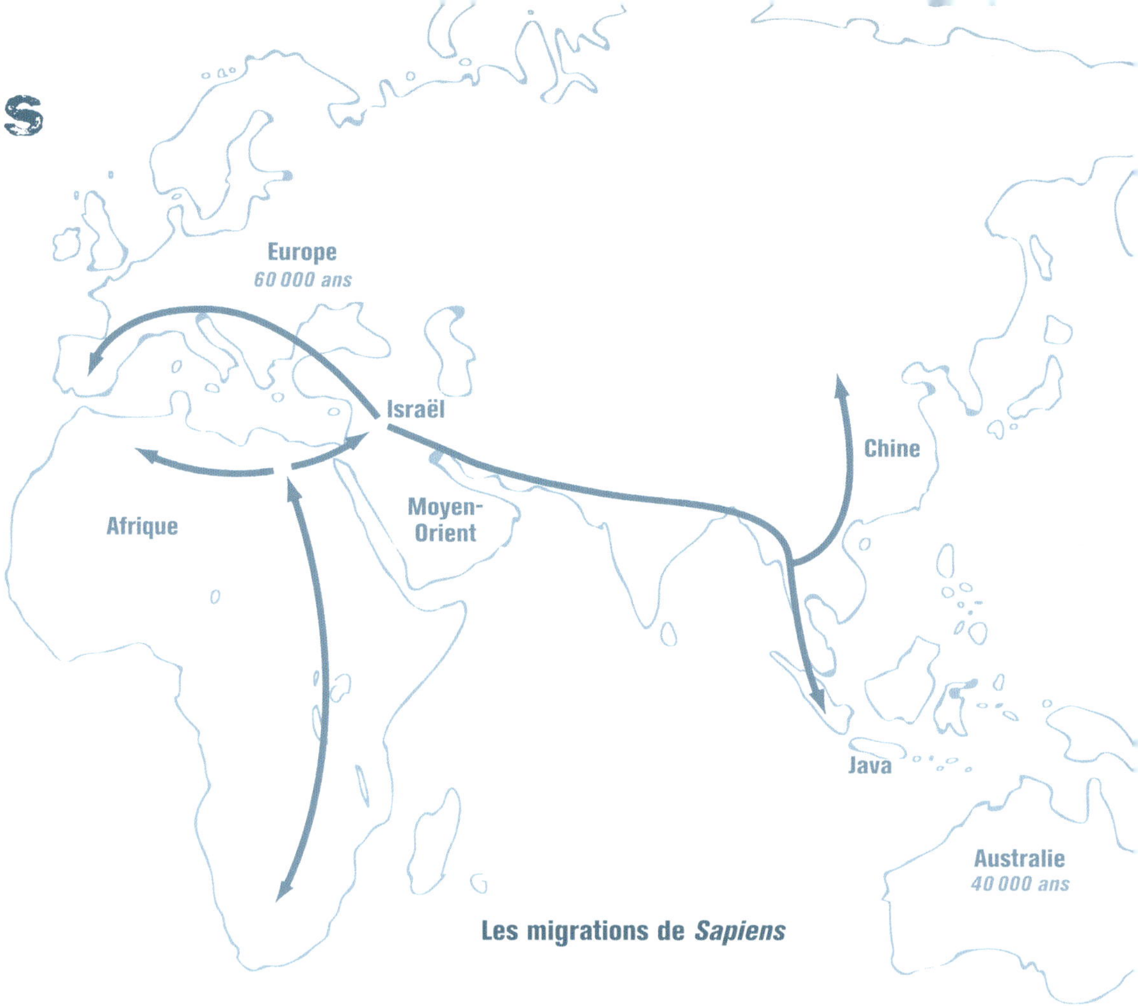

Les migrations de *Sapiens*

Homo sapiens est un voyageur

Le climat commence à se réchauffer légèrement en Europe centrale. Comme son ancêtre *Homo erectus, Homo sapiens* est chasseur-cueilleur. Il est habitué à se déplacer en permanence à la recherche de nourriture, et peut-être aussi en quête de régions plus clémentes que le centre de l'Afrique, devenu très aride.

Il y a un peu plus de 120 000 ans, ce nouvel homme part donc peupler les autres continents. Grâce aux différents fossiles trouvés de par le monde, les anthropologues ont pu reconstituer en partie le trajet de ses grandes migrations. Celles-ci ont duré des milliers d'années. Après le Moyen-Orient, *Homo sapiens* découvre l'Asie, la Nouvelle-Guinée, l'Australie puis l'Europe occidentale ; il retourne ensuite au bercail africain, avant d'atteindre l'Amérique une première fois, puis une seconde.

Une hutte faite de branches coupées, sur lesquelles sont posées des peaux d'animaux. Elle est facilement démontable et transportable.

Au Moyen-Orient

C'est le passage obligé pour se rendre en Eurasie. Partant d'Afrique, *Homo sapiens* atteint cette première étape voici 100 000 ans. Peut-être même avant, comme le suggèrent les datations des nombreux fossiles retrouvés en Israël.

À son arrivée au Moyen-Orient, notre voyageur ne pénètre pas sur une terre vierge de présence humaine. Des populations *Homo erectus* ont déjà « défriché » le terrain. Et sont peut-être encore là. Quelque 30 000 ans plus tard, *Homo sapiens* voit à son tour arriver des hommes bien différents de lui, les Néandertaliens.

En arrivant en Europe de l'Est, Homo sapiens doit s'habituer à la neige et au grand froid.

Des métissages

Au fil de ses migrations d'Afrique en Asie, et inversement, *Homo sapiens* remplace partout les anciens hommes. On suppose qu'il s'est mélangé avec eux à des degrés importants comme en Chine, ou très faibles comme en Europe (il n'aurait pas eu de descendance avec l'homme de Neandertal). Mais depuis 30 000 ans, *Homo sapiens* serait la seule espèce humaine présente sur notre planète. Elle n'a pas beaucoup changé : la morphologie et la face de l'homme actuel ressemblent beaucoup à celles de notre ancêtre.

Il y a 60 000 ans, un groupe d'Homo sapiens arrive au bout des terres d'Asie.
Il découvre pour la première fois cette grande étendue d'eau, le Pacifique Sud.

En Asie

Asie continentale

On date l'arrivée de *Sapiens* en Asie continentale à environ 67 000 ans. Là encore, des *Erectus* se sont installés depuis longtemps et ont évolué de leur côté. Mais en quelques milliers d'années, ces derniers représentants de l'« homme debout » vont peu à peu disparaître… sans doute mélangés aux *Homo sapiens*.

Asie du Sud-Est

Par manque de fossiles convaincants, on sait peu de choses sur la colonisation de ces terres lointaines. À Java, les deux peuples *Erectus* et *Sapiens* ont peut-être cohabité. Et l'Australie a vu débarquer les premiers navigateurs voilà plus de 60 000 ans. Reste à savoir quelle population du Sud-Est asiatique a commencé à peupler le pays des kangourous…

En Europe

Voici 40 000 ans, les premiers *Homo sapiens* arrivent en Europe de l'Est. Tardivement, donc. Ce sont des hommes de Cro-Magnon, dotés d'un crâne volumineux et allongé, d'une face large et d'un squelette costaud.
C'est sur ce continent qu'*Homo sapiens* remplace les populations locales de la façon la plus brutale. La principale victime est l'homme de Neandertal, qui y vit depuis des millénaires.
L'homme de Neandertal y a évolué à part et a établi une culture spécifique.

Partout dans le monde,
Homo sapiens rencontre d'autres hominidés.

La découverte de la navigation

À l'aide de perches, les hommes font avancer leur embarcation sur le fleuve qu'ils appellent « eau qui court ».

Les premiers radeaux

Voilà 60 000 ans, *Homo sapiens* se lance dans la navigation en haute mer. Auparavant, il se déplaçait sur les rivières avec des pirogues faites de longs troncs d'arbres évidés.

Pourquoi se risque-t-il dans les eaux profondes ? Peut-être moins par curiosité que pour pêcher des crabes, récolter des coquillages, attraper des tortues et des petits mammifères marins, agrandissant ainsi son territoire de chasse.

Pour se lancer dans cette grande aventure, il lui faut de l'imagination, du courage et des bateaux, peut-être des pirogues. À moins qu'il ne confectionne, à cette occasion, des barques à l'aide de branches et de peaux cousues, ou encore des grands radeaux multicoques fabriqués avec des bambous liés par des roseaux tressés… Les paléontologues ont peu d'indices sur ces premières embarcations.

Sur le radeau, hommes et femmes sont apeurés et fascinés par cette immensité liquide qui s'étale devant eux. C'est là que l'« eau qui court » finit sa route.

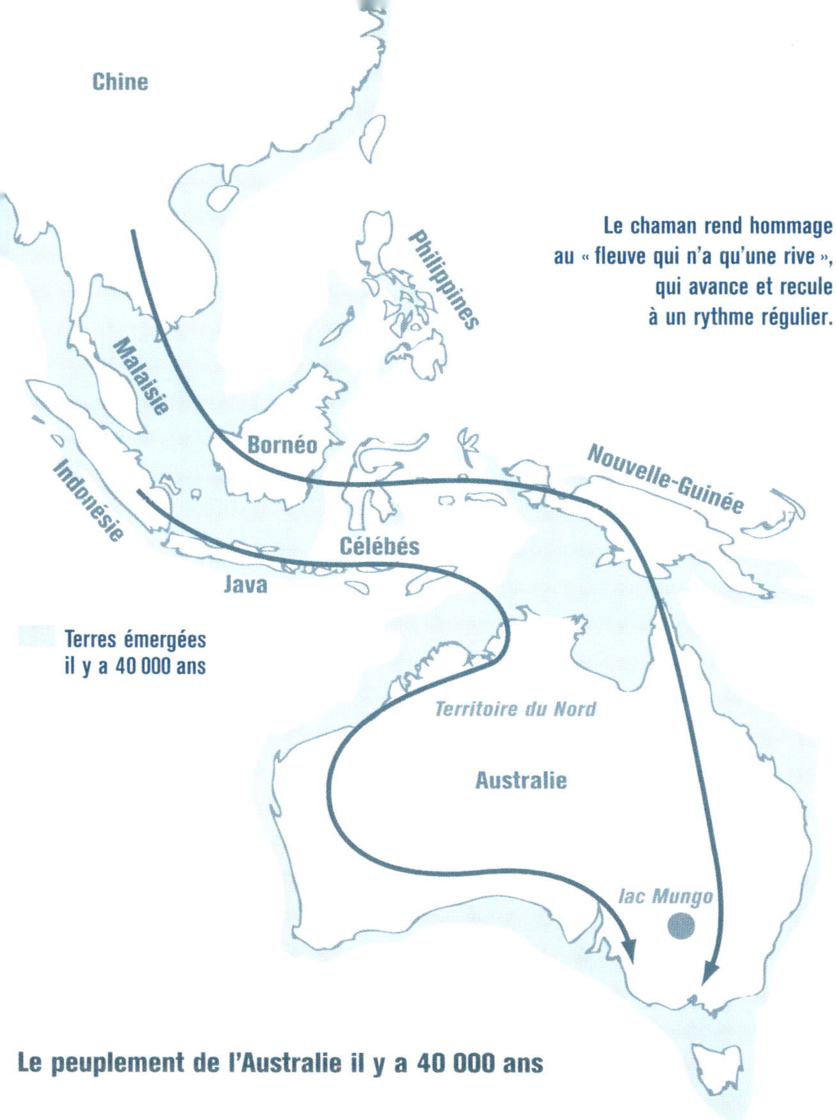

Le peuplement de l'Australie il y a 40 000 ans

Le chaman rend hommage au « fleuve qui n'a qu'une rive », qui avance et recule à un rythme régulier.

La conquête de l'Australie

Le premier voyage maritime d'*Homo sapiens* commence avec la traversée d'un bras de mer d'au moins 70 km de large. Celui-ci sépare l'Asie et l'Australie, à une époque où la baisse du niveau de la mer laisse beaucoup de terres émergées. On peut imaginer que, pour la première fois, les hommes aperçoivent les côtes australiennes.

Plusieurs groupes d'hommes ont dû débarquer de façon rapprochée sur la côte nord-ouest du continent. Ils ne viennent peut-être pas tous de la même région d'Asie : les fossiles trouvés à différents endroits d'Australie montrent des morphologies différentes. Quoi qu'il en soit, ces premiers colons peuplent peu à peu l'ensemble du continent. Après la remontée de la mer à la fin de la glaciation, ils se retrouvent longtemps isolés du reste de la planète.

Ces hommes vont être les premiers à découvrir l'Australie et, probablement aussi, la navigation en haute mer.

Le mystère du peuplement des Amériques

Mais qui sont les Indiens d'Amérique?

Des hommes venus d'Asie ?

La Bible ne parle pas des Indiens. Aussi, quand Christophe Colomb est arrivé en Amérique, l'ensemble du Vieux Continent s'est demandé d'où venaient ces hommes. Beaucoup de scientifiques pensent que les premiers Américains sont passés d'Asie ou d'Europe de l'Est à pied sec, par le nord, en longeant les côtes ! En effet, au cours de ces 100 000 dernières années, plusieurs périodes glaciaires ont entraîné la mise à sec de la mer de Béring, qui sépare, de 1 500 km environ, l'Asie et l'Amérique. La large bande de terre qui lui a fait place, la Béringie, a pu ainsi être empruntée par les hommes, mais aussi par les bisons, les élans, les caribous, les bœufs musqués et les mammouths.

Au cours de ces 100 000 dernières années, plusieurs périodes glaciaires ont fait baisser le niveau de la mer de Béring au point de permettre le passage à pied sec d'Asie en Amérique du Nord !

Des énigmes demeurent

Les Indiens d'Amérique du Sud viendraient d'Amérique du Nord !
Comme le site de Pedra Furada au Brésil aurait plus de 50 000 ans, les premiers Américains seraient arrivés dès la première glaciation, il y a entre 75 000 et 65 000 ans. Des scientifiques ont même avancé l'hypothèse que les premiers Américains étaient polynésiens, et seraient venus d'Australie… par bateau.
Mais la génétique des populations exclut cette hypothèse… Les études montrent que les gènes des Indiens d'Amérique sont proches de ceux des populations mongoloïdes (Asie), voire caucasiennes (Europe de l'Est), mais écartent toute parenté polynésienne, ce qui laisse supposer plusieurs vagues d'immigration, au moment des différentes mises à sec de la mer de Béring.

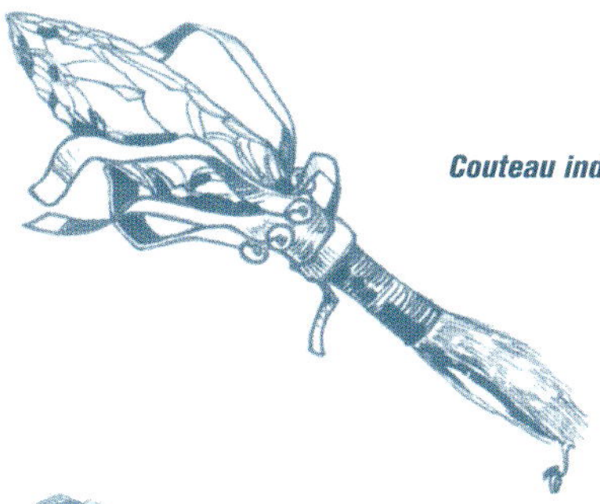

Couteau indien

Grattoir indien

Il y a 15 000 ans, le dégel rend tout retour impossible… et enfouit tous les sites susceptibles de contenir des traces de cette mystérieuse conquête…

Le peuplement des Amériques par les *Sapiens*

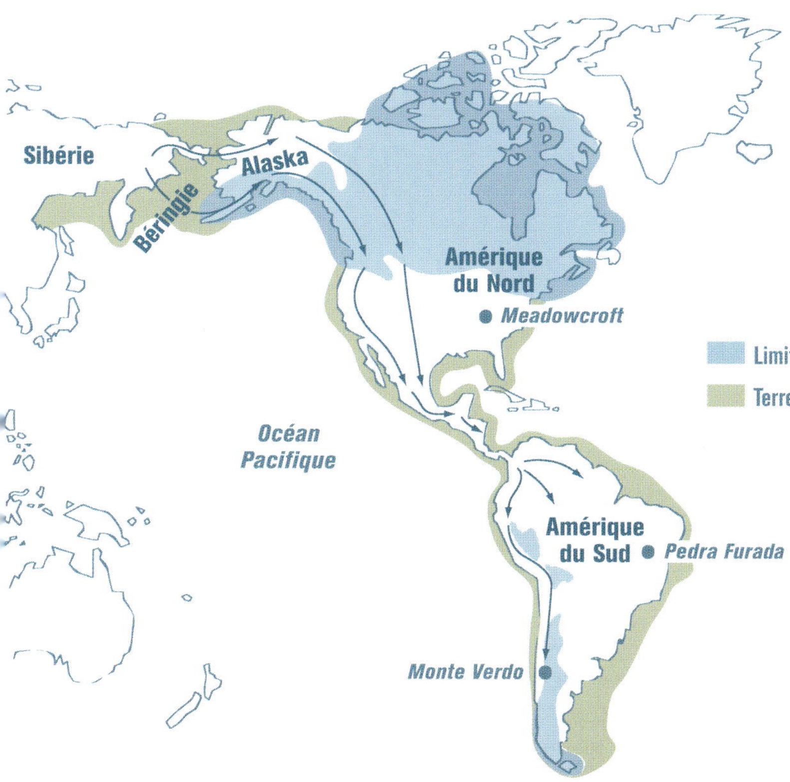

Et les Indiens qu'en disent-ils ?

Ils se racontent la même histoire depuis des générations : les 7 tribus originelles viendraient… des étoiles, et plus précisément de la constellation des 7 Pléiades. D'ailleurs, ils se désignent sous le nom de « Nation des étoiles ».

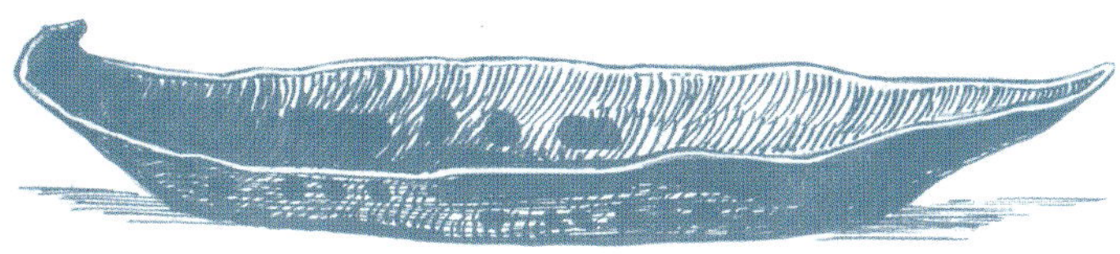

Pirogue d'Australie

Sapiens et les autres

-12 000 ans

-40 000 ans

-60 000 ans

-100 000 ans

-160 000 ans

-1 600 000 ans

L'homme de Neandertal

Un homme à part

L'homme de Neandertal apparaît en Europe entre 200000 et 100000 BP, à une époque où *Homo sapiens* est en Afrique. Mais ils sont très dissemblables.
D'où vient l'homme de Neandertal ? Probablement d'une bande d'*Homo erectus* qui aurait quitté le Proche-Orient plus tôt pour venir s'installer en Europe. Durant des centaines de milliers d'années, ces tout premiers Européens ont vécu à l'écart. Ils ont ainsi évolué différemment des *Homo erectus* qui peuplaient alors l'Afrique et l'Asie.

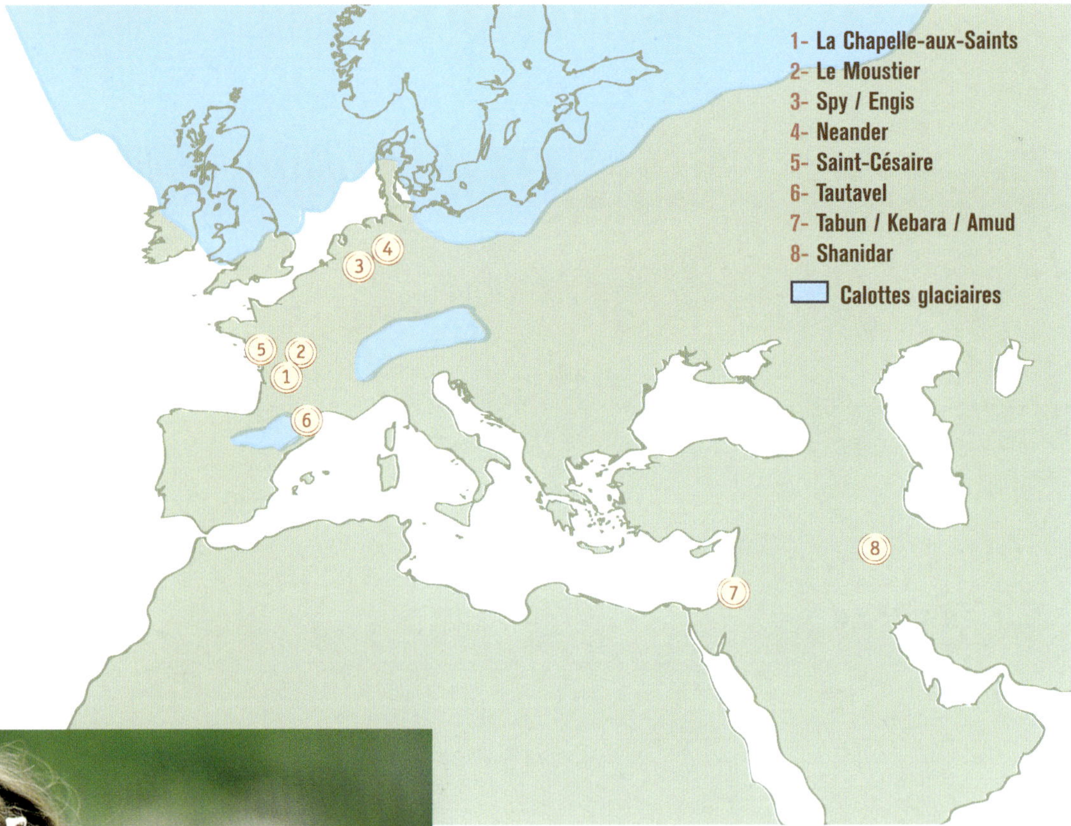

La présence de l'homme de Neandertal en Europe.

Un physique massif

L'homme de Neandertal ne nous ressemble guère. Ni côté tête : un crâne allongé avec une sorte de pointe à l'arrière, une face qui avance (« prognathisme »), des pommettes plates, de puissantes mâchoires, un menton fuyant, des bourrelets au-dessus des orbites et un nez large. Ni côté corps : trapu et très musclé, l'homme de Neandertal mesure au plus 1,70 m mais pèse jusqu'à 100 kg !

Européens avant tout

Pendant les périodes froides, un immense désert de glace recouvre tout le nord de l'Europe. Difficile de s'aventurer très loin ! C'est à l'occasion de périodes plus clémentes, il y a environ 125 000 ans, que les Néandertaliens colonisent l'Asie centrale jusqu'en Sibérie. Quelques millénaires plus tard, un nouvel épisode glaciaire les pousse vers le Sud. Ils s'installent au Proche et au Moyen-Orient, où ils ont dû rencontrer d'autres hommes, les *Homo sapiens*.
Les Néandertaliens ne seront jamais très nombreux : quelques dizaines de milliers d'individus dispersés en petites tribus qui vivent de chasse et de cueillette, en suivant le gibier.

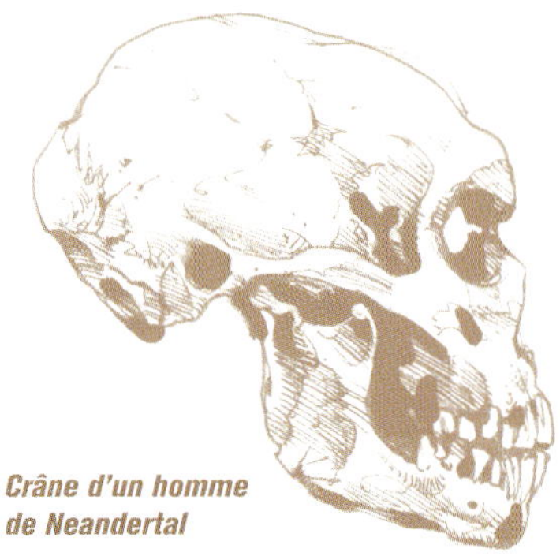

Crâne d'un homme de Neandertal

Après la chasse aux mammouths, l'homme de Neandertal retourne dans sa grotte, protégée par des peaux tendues, et fait cuire la viande.

Une vraie vie sociale

Loin d'être la brute telle qu'il a été longtemps décrit, l'homme de Neandertal sait vivre en famille, et s'installe à l'intérieur des cavités creusées dans des falaises. L'hiver, l'entrée est protégée par des peaux tendues sur des poteaux. Il cuit sa nourriture sur des foyers soigneusement entretenus. En Europe de l'Est, où les mammouths abondent, l'homme de Neandertal utilise leurs os et leurs défenses pour se construire de grandes huttes.

Rites funéraires

Preuve que ces hommes ne sont pas des sauvages, ils enterrent aussi leurs morts. Les sépultures sont des fosses rectangulaires creusées dans le sol, avec, au fond, un tapis de fleurs, et des ornementations en ocre rouge. Cornes de bouquetins, pattes d'aurochs, outils en silex et autres offrandes sont déposés dans la tombe pour accompagner le défunt dans l'autre monde.

En découvrant des tombes dans la neige, l'Homo sapiens est étonné : car l'homme de Neandertal enterre aussi ses morts, parfois même plusieurs dans une même tombe.

Les échanges interespèces

En Asie et Australie

Hameçons et harpons

Poissons de rivière ou poissons de mer : très tôt, ces animaux figurent au menu de nos ancêtres. Encore faut-il pouvoir les attraper ! Déjà *Homo erectus* semblerait avoir connu l'usage de l'hameçon, fait en os. Mais cette invention est surtout utilisée par *Homo sapiens*. Dans sa besace de pêcheur, on trouve également des harpons, taillés dans un os long et dotés de petites pointes.

En Asie, Homo erectus et Homo sapiens partagent un peu de leur savoir.

Il se pourrait qu'Homo erectus ait utilisé des hameçons. En arrivant en Asie, Homo sapiens, toujours soucieux de son apparence, s'en sert d'abord comme collier.

Doté de ses propres techniques et culture, l'homme de Neandertal intègre peu à peu le savoir-faire d'Homo sapiens.

En Europe

Des techniques de chasse

L'homme de Neandertal chasse les grands mammifères, peut-être à l'aide de pièges creusés dans le sol et de torches enflammées pour effrayer ses proies. Avec l'arrivée de l'homme moderne en Europe, on peut imaginer qu'il y a eu quelques frictions entre les deux populations humaines. Mais aussi des échanges de bons procédés : *Homo sapiens* a dû amener des sagaies et autres armes performantes, et Neandertal de bonnes stratégies de chasse aux grosses bêtes.

De nouveaux outils

Lorsqu'ils se rencontrent, Neandertal et *Homo sapiens* possèdent chacun ses propres techniques de taille et ses outils. Le premier enlève de gros éclats de la pierre pour préparer l'outil ; il donne ensuite un dernier coup afin de détacher l'outil fini. Le second fabrique des outils plus fins à partir de longues lames de silex, ainsi que des bijoux en ivoire et en dents d'animaux. Mais vers 35000 BP, peut-être sous l'influence de son « cousin », Neandertal se met à fabriquer comme lui des lames de pierre à un seul tranchant, et à utiliser les dents de ses proies pour se confectionner des parures.

La technique de la taille évolue sans cesse, et les outils se perfectionnent, qu'ils soient en pierre, en os ou en ivoire. C'est la civilisation dite « moustérienne ».

Que ce soit à l'aide de torches enflammées ou de sagaies, des clans Sapiens et Neandertal se retrouvent parfois pour chasser le mammouth.

Depuis 30 000 ans, unique représentant

du genre humain ?

-12 000 ans

-40 000 ans

-60 000 ans

-120 000 ans

-160 000 ans

-1 600 000 ans

Les chasseurs de mammouths

La chasse est l'activité principale de l'homme de Neandertal. Elle lui permet de se nourrir et de se vêtir.

La chasse organisée

De nombreux troupeaux de mammouths parcourent les plaines froides d'Europe de l'Est. Une aubaine pour les hommes qui trouvent ainsi quantité de viande à manger, d'os pour construire leurs habitations et de graisse pour alimenter leurs foyers.
Pour vaincre de tels mastodontes, il faut de très nombreux chasseurs souvent issus de plusieurs clans et partageant un langage commun, au moins par signes. L'une de leurs méthodes consiste à creuser, près des points d'eau, des fosses recouvertes de branchages où les jeunes mammouths tombent facilement. L'autre solution est d'affronter le danger en s'approchant suffisamment près de l'animal pour lui couper un tendon ou lui décocher un coup de lance.

Le mammouth (Mammuthus primiglorius). Son poil laineux et une épaisse couche de graisse le protègent de la rigueur du climat.

L'invention du propulseur

Les chasseurs *Sapiens* sont déjà équipés de sagaies : de longues tiges de bois au bout desquelles sont fixées des pointes en os ou en pierre grâce à des tendons de renne. Peut-être les enduisent-ils de poisons végétaux afin d'accélérer la mort de l'animal blessé.
Mais le grand bond en avant, c'est l'invention du propulseur voici environ 20 000 ans. Il s'agit d'une petite baguette munie à son extrémité d'un crochet, où l'on place le talon de la sagaie. Lorsque le chasseur la lance, le propulseur permet d'allonger le mouvement de son bras. Ainsi la sagaie fend l'air presque aussi rapidement qu'une flèche.
Comme beaucoup d'objets techniques de cette période, les propulseurs sont souvent décorés… de quoi penser que les hommes attachent beaucoup d'importance à cette arme redoutable.

L'homme de Neandertal utilise le silex et les os des animaux qu'il chasse pour fabriquer des outils.

Un propulseur

Avec les cornes de mammouths, l'homme de Neandertal se construit des abris de fortune.

Le mystère d'une disparition

Les Néandertaliens, bien que robustes, ont du mal à s'adapter aux grands changements climatiques. Ils trouvent refuge dans des zones de plus en plus restreintes.

Dix mille ans de cohabitation ! Beau record de longévité pour ces deux espèces. Mais les conditions de vie sont alors difficiles, les ressources alimentaires limitées. Probablement moins bien outillés et moins organisés que les *Sapiens*, les Néandertaliens finissent par disparaître au bout de quelques milliers d'années. En douceur, et sans laisser de traces. Voilà un drôle de mystère… Les spécialistes évoquent plusieurs raisons à cette disparition.

Malades ?

On peut imaginer une élimination involontaire, plutôt qu'une extermination perfide : en arrivant sur les territoires des Néandertaliens, les *Sapiens* auraient apporté de nouveaux microbes. Sans danger pour eux, mais redoutables pour l'Européen de la première heure.

Exterminés ?

A priori pas, même s'il y a sûrement eu des affrontements et des batailles pour défendre les ressources en nourriture et les points d'eau. Étrange, alors, que l'homme de Neandertal ait tout de même vécu des milliers d'années aux côtés d'*Homo sapiens,* dans le sud-ouest de la France par exemple. Ou bien encore en Charente-Maritime, où l'on a retrouvé une sépulture avec un squelette de Néandertalien et des outils de *Sapiens*. Cette découverte laisse penser qu'il y a eu des échanges forts entre les deux peuples, voire une influence de la culture de Cro-Magnon sur celle des Néandertaliens.

Fondus dans les Sapiens ?

Humains modernes et Néandertaliens ont-ils pu avoir des enfants ensemble ? Là est la grande question, autour de laquelle les chercheurs discutent âprement. D'après l'étude des fossiles et, surtout, des gènes (ADN) que l'on a pu trouver dans les os des squelettes, cela semble peu probable : lorsque l'on compare les gènes néandertaliens à nos gènes, on voit qu'il y a beaucoup de différences entre les deux.

D'autres scientifiques pensent que les gènes de Neandertal se sont dissous dans les nôtres ; et, dans ce cas, il y aurait eu des enfants moitié néandertaliens et moitié modernes. Mais on n'en a pas encore trouvé de trace parmi les fossiles de cette époque.

Sur un même territoire, peut-être n'y avait-il pas suffisamment d'espace pour que deux espèces cohabitent en même temps.

Une révolution culturelle dans les cavernes

Il y a 30 000 ans, et peut-être même avant...

Une datation délicate

L'art, visiblement propre à *Homo sapiens,* serait né voici 30 000 ans en Europe. Mais des sites qui auraient plus de 50 000 ans ont été découverts à Wandjina man, au nord de l'Australie, et à Pedra Furada au Brésil. Comme la datation est difficile, elle est souvent contestée.

Une conservation non garantie

Certaines peintures rupestres ont pu être « effacées » par le temps ou par les mains de l'homme lui-même. Des cavernes ont peut-être été ensevelies, ou n'ont tout simplement pas encore été découvertes !

Les empreintes de main sont retrouvées sur les parois des cavernes du monde entier.

Sculpteurs préhistoriques

Homo sapiens *sculpte également la pierre et l'ivoire, modèle une sorte de céramique (mélange d'argile et d'os broyés) et a vraisemblablement aussi travaillé le bois. Il a ainsi créé des animaux et des figures humaines.*

Mais des couleurs étonnantes !

De nombreuses couleurs sont obtenues avec les ocres, des roches que l'on peut facilement réduire en poudre. Suivant la cuisson, on obtient des tons plus froids ou plus sombres. Les pigments sont broyés, puis liés avec de l'eau, et peut-être même de l'urine. Bien d'autres roches sont utilisables : l'hématite donne un beau rouge, le kaolin du blanc, et le noir peut être obtenu avec du manganèse ou du charbon de bois.

Ces empreintes sont dites « positives » (mains enduites de pigments et posées sur la paroi) ou « négatives » (mains posées sur la paroi et détourées par de l'ocre soufflée à la bouche).

La grotte Chauvet

Découverte en 1994, la grotte Chauvet, en Ardèche, est la plus ancienne et la plus riche grotte ornée connue en Europe. Voici 30 000 ans, les artistes ont représenté, sur 500 m de parois, un bestiaire de près de 300 figures : des bisons, des rennes, des rhinocéros laineux (animal des temps glaciaires rarement représenté jusque-là), des chevaux, des aurochs, des lions (dont une lionne avec son lionceau), des ours, des mammouths, des mégacéros (cerfs aux immenses ramures), des bouquetins, une panthère des neiges (unique exemplaire dans le monde), une hyène et un hibou.

L'éclairage des cavernes a pu être assuré par des torches de résineux comme le pin sylvestre, ou par des lampes à graisse.

Pourquoi l'art ?

Comment expliquer ces représentations ? Les artistes exercent-ils simplement l'art pour l'art ?
Sont-ils des magiciens qui cherchent à envoûter le gibier pour le mettre à la merci des chasseurs ?
Et pourquoi avoir choisi des endroits aussi inaccessibles que les grottes pour le faire ?
Seraient-ce des lieux sacrés où se déroulent des cérémonies collectives ou des initiations chamaniques ?
Les spécialistes de l'art préhistorique y vont chacun de leurs hypothèses, car personne ne sait ce que ces artistes pensaient.

Un bloc de calcaire taillé en cuvette contenant un morceau de suif animal et une mèche de lichen séché assure une autonomie d'environ 1 h de lumière.

La naissance de l'homme moderne

-40 000 ans
-60 000 ans
-100 000 ans
-160 000 ans

La découverte de l'agriculture

De la cueillette aux semailles

Le blé est moissonné encore vert à l'aide de faucilles de bois, dans lesquelles s'insèrent des lames de silex fixées par du bitume.

L'agriculture est une domestication des plantes qui poussent naturellement à l'état sauvage, et que les hommes ont pris l'habitude d'aller cueillir, comme ceux de la civilisation natoufienne, dans la région d'Assouan (Haute-Égypte), il y a 15 000 ans. Ces hommes, déjà semi-sédentaires, s'installent en plaine, au pied des montagnes et au bord de lacs ou de cours d'eau permanents. À ce carrefour écologique, ils disposent d'eau, de poissons, de coquillages, de nombreux animaux (gazelles, chèvres sauvages, castors, canards) et de vastes champs de céréales sauvages, si denses qu'ils ont l'aspect de véritables champs agricoles. C'est il y a environ 10 000 ans que les hommes découvrent l'agriculture, presque par hasard.

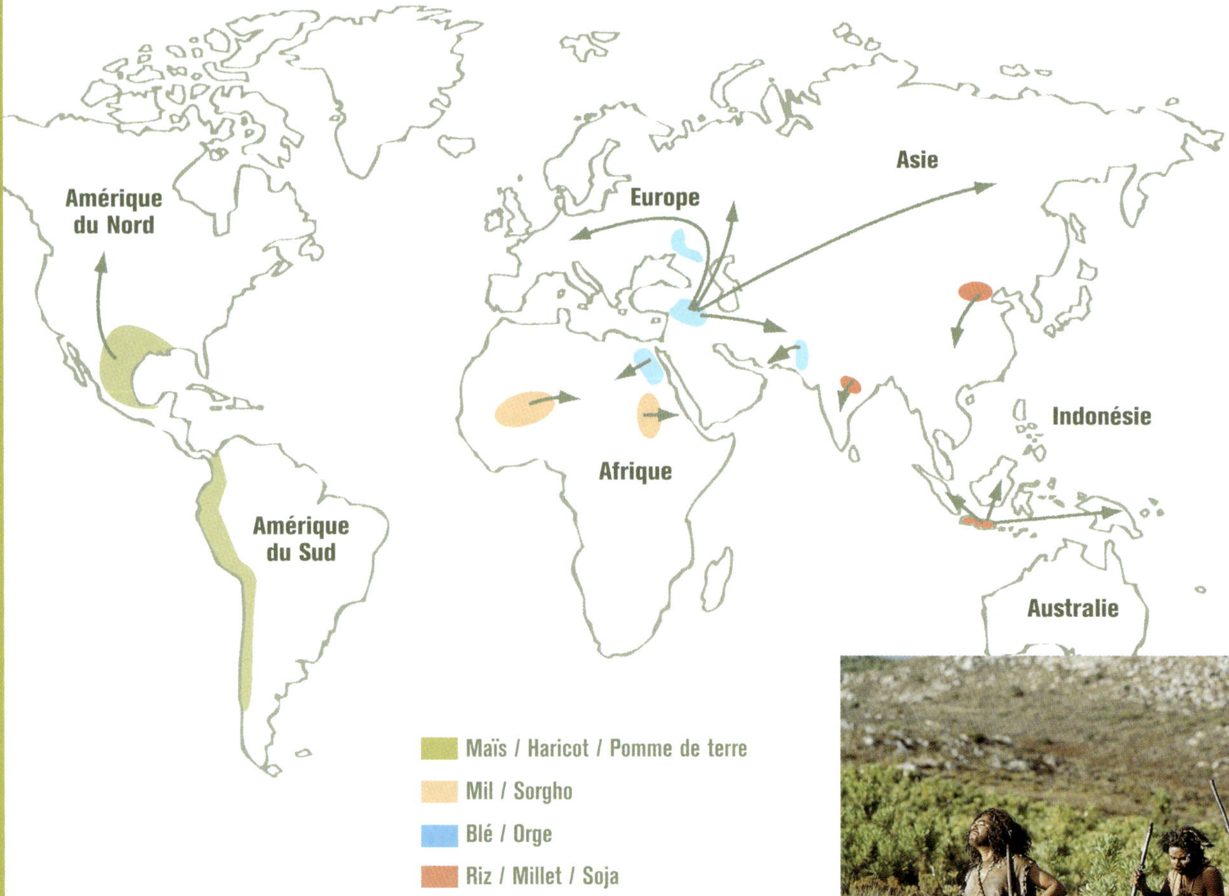

Les plus anciennes traces d'activités agricoles (blé et orge) ont été découvertes en Turquie et en Syrie, pays que couvrait alors la Mésopotamie. Elles remontent à 10 000 ans. L'agriculture s'est ensuite propagée tout au long du néolithique, ou est apparue dans d'autres régions du monde.

Avant de cultiver les céréales, les hommes partent cueillir celles qui poussent à l'état sauvage.

Les premières cultures organisées !

Avant de pouvoir les cultiver, les hommes ont commencé par sélectionner les plantes les plus faciles à cueillir. La plupart des céréales sauvages ont en effet des épis légers et hérissés de barbe, facilement semés par le vent. Ils privilégient les épis beaucoup plus rares, dont les graines particulièrement grosses risquent moins de se détacher à la cueillette.

Comme ils les stockent dans les réserves de leurs villages, ces épis à grains lourds, qui ne germent habituellement pas tout seuls, commencent à se développer. Cette sélection est la toute première forme de sélection génétique qui soit, puisqu'elle consiste à privilégier certaines caractéristiques des plantes au détriment d'autres (taille des grains, solidité de l'épi). Elle fait apparaître de nouvelles espèces comme l'épeautre, le blé tendre, l'orge ou le froment.

Les huttes des populations nomades étaient construites en branchages et recouvertes de peaux.

Les habitations des populations sédentaires sont de vraies constructions en pierre et en argile.

La sédentarisation

Les hommes n'ont pas attendu de savoir cultiver la terre pour devenir sédentaires. Ils ont sans doute commencé à le faire dès que la vie est devenue plus facile pour eux, c'est-à-dire dès la fin de la dernière glaciation, voici 15 000 ans de cela. Suite au réchauffement climatique, les troupeaux de grands herbivores (comme les rennes) sont partis plus au nord, et de petits gibiers abondants et casaniers sont apparus, ainsi que de nouvelles espèces végétales.

Face à toutes ces richesses à portée de main, les déplacements deviennent peu à peu inutiles. Les hommes établissent alors des campements suffisamment solides pour être installés à l'année.

Avec la sédentarisation, les premiers villages apparaissent.

La domestication des animaux

La domestication des animaux, comme le chien et le chat, a introduit de nouveaux compagnons dans les demeures des hommes. La plupart d'entre eux sont originaires du Proche-Orient.
On pense que ces animaux se sont approchés des campements, attirés par la nourriture.

Le chien : le plus vieil ami de l'homme

Des squelettes de chiens ont été retrouvés parmi des restes de campements humains, au Moyen-Orient, en Europe, en Asie et en Amérique, attestant de leur présence familière auprès des hommes dès 14000 BP.
Jusqu'à ces dernières années, on pensait que les chiens descendaient d'espèces différentes de canidés sauvages : les loups, les chacals et les coyotes. Aujourd'hui, les études génétiques semblent démontrer que toutes les races actuelles de chiens descendent d'une seule espèce sauvage : le loup. D'un point de vue génétique, un chihuahua serait aussi proche du loup que peut l'être un berger allemand !
Certains scientifiques ont même proposé de classer le chien comme une nouvelle sous-espèce du loup, *Canis lupus familiaris*.

Les loups sont des prédateurs. Mais, au-delà de leurs différences avec les hommes, une puissante attraction lie les deux espèces.

Du loup au chien

Petit à petit, l'homme réalise que le loup peut devenir son ami, son allié.

En modifiant les conditions de vie des canidés sauvages, la domestication a entraîné une évolution très rapide du loup en chien : le chien a ainsi acquis, par exemple, de plus grandes capacités de reproduction que le loup. En France, la présence des chiens remonterait à 8000 BP. Mais on ne sait pas si celle-ci est le fait d'une domestication locale à partir du loup, ou de l'arrivée d'espèces déjà habituées à l'homme.

À quoi servent-ils ?

Se défendre contre les prédateurs, éliminer plus facilement les déchets, se réchauffer la nuit, se faire accompagner à la chasse ou avoir de la compagnie, faire garder le bétail… autant de bonnes raisons qui justifient, a priori, la collaboration très ancienne entre le chien et l'homme. Mais ce ne sont que des suppositions. Les chiens pouvaient avoir une toute autre utilité, comme au Mexique où ils étaient engraissés pour être consommés, il y a 15 000 ans environ.

Le chien est devenu le fidèle compagnon du berger.

Et le chat ?

*Les ancêtres du chat domestique sont probablement des chats sauvages d'origine africaine (*Felix lybica*). Ils auraient été attirés dans les villages par les souris qui profitaient des stocks de grains. Une sépulture dans laquelle un homme de haut statut social et un chat ont été enterrés, il y a 9 000 ans, a été découverte à Shillourokambos sur l'île de Chypre. Bien que ce chat porte des traces évidentes de cuisson et de consommation, il témoigne déjà de liens spirituels forts, projetés dans l'au-delà, avec l'homme, et constitue la plus ancienne preuve connue d'apprivoisement, 5 000 ans avant les Égyptiens.*

La découverte de l'élevage

Les fermiers de la préhistoire

Tout comme les tribus semi-nomades de Sibérie, et même avant de devenir sédentaires, les hommes préhistoriques apprivoisaient sans doute, dès 18000 BP, les rennes pour les élever. Mais c'est vers 10000 BP que la pratique de la domestication des animaux sauvages se généralise au Proche-Orient.

La population ayant augmenté, les besoins en nourriture sont plus grands et *Homo sapiens* va se mettre à élever des chèvres, des moutons, des cochons et des vaches dont les ancêtres respectifs sont les chèvres sauvages, les mouflons, les sangliers et les aurochs qu'il a réussi à domestiquer.

Mouflon

Chèvre sauvage

Le bœuf, un aurochs sélectionné

Domestiquer consiste à sélectionner des espèces plutôt que d'autres. Par exemple, lorsqu'il veut élever des aurochs, *Homo sapiens* cherche à éliminer les animaux les plus dangereux, et ne va sélectionner que les plus petits : c'est ainsi que les aurochs élevés deviendront peu à peu des bœufs.

Les chasseurs ont perfectionné leurs lances : désormais les flèches sont elles aussi en silex, et la hampe toujours richement décorée.

Sanglier et marcassin

La population ayant augmenté, les besoins en nourriture sont plus grands. Les hommes élèvent des chèvres, des moutons, des cochons, des vaches. Ils conservent la viande en la fumant et en la sèchant.

Comment le mouton a conquis la France...

Vers 8000 BP, dans le sud de la France, des Homo sapiens *ont consommé du mouton très probablement domestique. Personne ne sait s'il a été domestiqué sur place à partir d'une espèce sauvage, ou s'il a été introduit, déjà domestiqué, par voie terrestre ou maritime...*

Le mouton gagne l'Aquitaine vers 7000 BP et la Bretagne (Morbihan) vers 6500 BP.

L'âne et le cheval, domestiqués plus tard

Tous les animaux de la ferme ne sont pas originaires du Proche-Orient. Le cheval viendrait de Russie, et l'âne d'Afrique du Nord. La domestication du cheval remonterait à 6000 BP (datation des ossements les plus anciens retrouvés en Ukraine, au nord de la mer Noire, chez les ancêtres des Scythes). Celle de l'âne serait encore plus tardive (5000 BP), à peu près en même temps que la désertification du Sahara, survenue également il y a 5 000 à 7 000 ans. Les populations pastorales qui vivaient dans cette région doivent dès lors se déplacer plus souvent pour rechercher des sources d'eau et de la verdure pour leurs animaux, ce qui a pu les inciter à domestiquer de nouveaux animaux, comme les ânes.

Aurochs

L'aurochs (ou boeuf primitif, *Bos primigenius)*

Apparu en Eurasie durant les dernières glaciations, il mesurait 2m de hauteur au garrot, et avait un dos rectiligne, un crâne volumineux et des cornes tournées vers l'avant.

Les premiers villages

La base des maisons était ronde, jusqu'à ce que les villages soient très peuplés ; elle devient dès lors rectangulaire pour gagner de la place !

L'usage du feu est maintenant parfaitement maîtrisé.

Constructions en dur

Les premiers villages apparaissent il y a environ 13 000 ans en Mésopotamie. Ce sont des maisons à moitié enterrées dans le sol, et de forme ronde. Elles ont des fondations en pierre, des murs en argile et un toit en branches. Les villages abritent de quelques dizaines à quelques centaines de personnes.
Pour vivre, ces premières populations sédentaires chassent le gibier, pêchent des poissons et des mollusques, cueillent des céréales, des amandes et autres fruits oléagineux. Avec ces récoltes, elles font des réserves pour plusieurs mois.
Mais tout le monde ne vit pas au village. Des groupes d'hommes et de femmes continuent d'arpenter les territoires durant une partie de l'année ; ce sont des nomades.

Chaque habitation possède une meule : une grosse pierre plate posée à terre, sur laquelle on écrase les grains à l'aide d'une pierre ovale.

La vie au village

Agriculture et élevage demandent plus de travail que l'ancien mode de vie des chasseurs-cueilleurs. Beaucoup de temps est consacré à moudre la farine à partir des grains de blé ou d'orge. Chaque maison possède une meule : c'est une grosse pierre plate posée à terre sur laquelle on écrase les grains à l'aide d'une pierre ovale. Il y a environ 10 000 ans, les villageois commencent à fabriquer des pots en argile servant à conserver les graines et les semences.
C'est aussi le début du troc et du commerce. Selon les régions du monde, la monnaie d'échange peut être des roches, du silex, des coquillages, ou de l'ivoire d'éléphant.

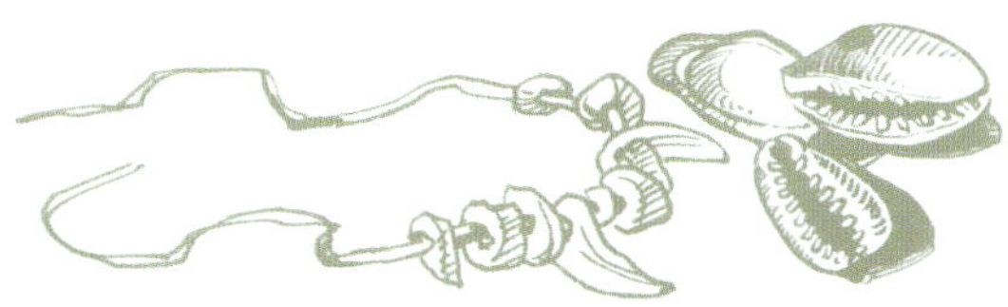

Collier de coquillages

Les hommes s'organisent, se répartissent les tâches et se spécialisent. Chacun a un rôle important à jouer pour la communauté. Certains veillent autour du feu, pour protéger la propriété et défendre le territoire commun.

L'Homo sapiens, maître du monde

Depuis plus de 30 000 ans, *Homo sapiens* est l'unique représentant du genre humain. Pourtant, le groupe des hominidés, qui existe sur la Terre depuis près de 3 millions d'années, a compté plusieurs espèces différentes, qui avaient jusqu'alors toujours cohabité. Alors, pourquoi *Homo sapiens* a-t-il été le seul à survivre ? Est-ce parce qu'il était mieux adapté ou parce qu'il a su s'imposer par la force ?
Toujours est-il qu'une fois seul, *Homo sapiens* continue son évolution. Pour le meilleur et pour le pire…

Les premiers problèmes écologiques

Homo sapiens bouleverse l'écosystème, en modifiant son environnement par l'agriculture et l'élevage. En cultivant la Terre, il privilégie une espèce unique ; les autres espèces végétales disparaissent, perturbant ainsi l'habitat et privant de nourriture les animaux sauvages qui l'occupaient. Ceux-ci émigrent ailleurs et deviennent la proie d'autres animaux. Des insectes végétariens prolifèrent. La sélection de plants particuliers pour les semailles conduit les espèces à devenir incapables de se reproduire toutes seules (cas du froment domestique). De même, l'élevage en espaces restreints affaiblit les animaux et entraîne la prolifération de nouvelles maladies infectieuses comme la tuberculose.

La naissance des inégalités sociales

Avec la sédentarisation, des villages apparaissent. La population augmente vite, les villages deviennent plus gros et s'entourent de murs d'enceinte.
Dans les bourgs de 2 000 ou 3 000 personnes, la taille des habitations et les objets que l'on y trouve révèle l'existence d'un système social inégalitaire. Religion et politique sont probablement liées, comme en témoignent les nombreux monuments mégalithiques que l'on retrouve partout en Europe.

L'agriculture, en donnant une valeur à la terre, a généré des conflits.

À l'origine de la guerre, se trouverait la lutte pour le meilleur territoire, la meilleurer terre à cultiver.

L'élevage permet d'assurer un approvisionement régulier du campement en nourriture.

Souvent par insouciance, l'homme diminue les ressources naturelles de son environnement.

Des ressources inégalement réparties

Dès lors, les ressources ne dépendent plus que du travail des hommes et de la terre. Ces nouvelles méthodes entraînent une surproduction de denrées, qu'il faut stocker… et garder, ce qui conduit sûrement à la mise en place de structures hiérarchisées. Le problème est aussi que toutes les terres ne se valent pas. Une inégalité qui pourrait être à l'origine de montées de violence de groupes d'hommes organisés. On a ainsi découvert des squelettes groupés, portant des traces de traumatismes provoqués par une arme, et qui remonteraient à 7000 BP.

Fin de la préhistoire…

Au tout début de son histoire, l'homme, entièrement soumis à son environnement , ne peut vivre que dans un monde de sensations et d'intuitions. Après des millions d'années difficiles, les conditions de vie semblent plus faciles, et l'homme se découvre peu à peu la capacité d'influencer le cours des événements. Ce qui aurait pu être un « âge d'or » ne dure pas : inégalités, guerres… nous connaissons la suite. L'invention de l'écriture, dont le rôle premier fut d'établir des inventaires, des lois, marque la fin de la préhistoire, et le début d'une ère nouvelle, la nôtre.

GLOSSAIRE

Acheuléen : nom tiré d'un site découvert dans le quartier Saint-Acheul à Amiens. Désigne une tradition technique du paléolithique inférieur, selon laquelle les outils en silex étaient taillés en bifaces.

ADN (ou acide désoxyribo-nucléique) : molécule présente dans chaque cellule vivante. Elle contient des informations permettant le développement et le fonctionnement de chaque organisme vivant, informations transmises de génération en génération. L'analyse de l'ADN permet d'étudier le degré de parenté entre différentes espèces.

Australopithèque : primate ayant vécu en Afrique de l'Est, il y a 3 à 4 millions d'années. Cousin de la famille *Homo,* Lucy en est la représentante emblématique.

Biface (ou coup-de-poing) : outil de pierre de l'ère acheuléenne, travaillé sur les 2 faces. De taille variable, il est à l'origine en forme d'amande, mais évolue en s'affinant.

Chaman : homme censé entrer en communication avec les esprits et guérir des maladies.

Chasseur-cueilleur : homme nomade, vivant principalement de la chasse et de la collecte de plantes.

Glaciation : période d'installation d'un climat froid, avec extension de la calotte glaciaire.

Hominidé : famille de primates, regroupant les êtres bipèdes du genre *Homo* et les australopithèques ou paranthropes…

Homme de Cro-magnon : nom donné à l'origine à l'*Homo sapiens* ayant vécu dans la région des Eyzies (lieudit Cro-Magnon), puis – par extension – à ses premiers représentants en Europe. Les squelettes retrouvés le rapprochent de l'homme moderne, mais il a de larges orbites et une face peu allongée.

Homme de Neandertal (Homo neanderthalensis) : homme ayant vécu en Europe entre 120 000 et 30 000 ans avant notre ère. De petite stature, mais fort robuste, sa tête est très volumineuse. Son nom vient d'une grotte de la vallée du Neander, en Allemagne, où ont été découverts les premiers fossiles néandertaliens.

Homo erectus (homme debout) : apparu il y a 1,7 millions d'années en Afrique, ce successeur de l'*Homo habilis* est le premier à utiliser le feu. C'est également lui qui fait naître l'industrie du biface.

Homo habilis (homme habile) : homme de petite stature (environ 1,30 m), apparu il y a plus de 2 millions d'années. C'est un hominidé proche de l'australopithèque, mais contrairement à ce dernier, il sait fabriquer des outils.

Homo sapiens (homme sage) : apparu il y a près de 400 000 ans, il serait le seul représentant de l'espèce humaine depuis 30 000 ans.

Inlandsis : masse de glace très épaisse et étendue qui recouvre l'intérieur du Groënland et du continent antarctique.

Levallois (technique) : technique de taille consistant à préparer un bloc de silex dont on détache ensuite un ou plusieurs morceaux à la forme et à l'épaisseur prédéterminées par l'artisan.

Lucy : squelette d'australopithèque découvert par Yves Coppens et son équipe en 1974, dans la vallée de l'Omo au sud de l'Éthiopie.

Mésolithique : période de la préhistoire située entre le paléolithique et le néolithique, qui correspond au retour à des conditions climatiques tempérées, et au début de la sédentarisation.

Mésopotamie : région d'Asie située entre deux fleuves (*méso* = entre ; *potamos* = fleuve), le Tigre et l'Euphrate, et dans laquelle est probablement née l'agriculture. Une bonne partie de ces terres est située sur le territoire actuel de l'Irak.

Moustérien : nom tiré du site de Moustiers, en Dordogne. La période du moustérien date de 80 000 à 35 000 ans avant notre ère ; son principal représentant est l'homme de Neandertal, qui travaille l'industrie de la pierre selon une technique particulière appelée Levallois.

Natoufienne (civilisation) : culture mésolithique, au Moyen-Orient.

Néolithique (âge de la pierre nouvelle) : période de la préhistoire commençant il y a environ 10 000 ans, marquée par la propagation de l'agriculture et l'élevage des animaux.

Paléolithique : désigne la première période de l'âge de la pierre (âge de la pierre ancienne), où apparurent les premières civilisations humaines avec des outils rudimentaires en pierre, il y a 2 millions d'années. On distingue le paléolithique inférieur (de 2 000 000 à 300 000 ans avant notre ère), le paléolithique moyen (de 300 000 ans à 35 000 ans avant notre ère) et le paléolithique supérieur (de 35 000 ans à 10 000 ans avant notre ère).

Paléontologie : science des animaux et des plantes préhistoriques, fondée sur l'étude des fossiles.

Sagaie : longe tige en bois terminée par une pointe en os ou en silex, arme de chasse par excellence.

Sédentaire : se dit d'une personne qui vit toujours au même endroit (à la différence de nomade).

Silex : roche très dure servant de base à l'industrie de la taille.

HOMO SAPIENS

TABLE DES MATIÈRES